YLIMINÄ

Opaskirja

henkisen tien kulkijoille

Heta Riekkoniemi

YLIMINÄ

Opaskirja

henkisen tien kulkijoille

© 2021 Riekkoniemi Heta

Published by:

BoD - Books on Demand, Helsinki, Finland

Printed in:

BoD - Books on Demand, Norderstedt, Germany

ISBN: 978 -952-80-4456-7

Graafinen ilme ja taitto: Paula Vuorinen

Kirjan ja kannen kuvat: Henna Riekkoniemi

Sisällysluettelo

ALKUSANAT

Tervetuloa pienen opaskirjani pariin. Henki-
maailma kanssani -kirjani julkaisun jälkeen
sain paljon yhteydenottoja. Minulle esitettiin
kysymyksiä siitä, miten henkimaailma vai-
kuttaa meihin ja hoidettavia tuli paljon lisää.
Heillä kaikilla oli sama kysymys: "Onko kai-
killa ihmisillä samat kyvyt ja kuinka ihminen
voi itse hoitaa itseään?". Monet olivat kylläs-
tyneitä pyytämään jatkuvasti apua erilaisilta
henkisiltä hoitajilta. Kyllästyin samaan aikoi-
naan myös itse, jonka vuoksi opettelin kaikki
tarvitsemani asiat.

En ole törmännyt Suomessa henkisiin opaskirjoihin, joissa olisi monipuolista tietoa yhdessä paketissa. En sano, että niitä ei ole, mutta itse en ole nähnyt tai löytänyt yhtäkään ohjetta, miten esimerkiksi häiriöhenki ohjataan valoon tai kuinka pääsen pois unihalvauksesta. Monesti tietoa myös pimitetään tarkoituksella.

Sain välähdyksenä ajatuksen koota opaskirjan verkkoluentojeni pohjalta. Sen tarkoituksena on, että tarpeellinen tieto leviää ja että ihmiset saavat apua. Kirjani on suunnattu kaikille henkisen tien kulkijoille. Heille, jotka ovat kiinnostuneita kaikesta mikä liittyy henkisyyteen ja itsensä kehittämiseen, sekä erityisesti heille, jotka haluavat edetä omalla polullaan. Kaikki kirjassani mainitut asiat pohjautuvat omiin kokemuksiini ja näkemyksiini. Sinulla on oikeus käyttää ohjaamiani menetelmiä myös pelkkänä runkona ja muokata ne omanlaisiksi. Olemme erilaisia ja sisäistämme maailman monin eri tavoin.

Maailma on täynnä myös negatiivista energiaa ja epätietoisuutta. Ahdistuneet hyväksyvät elämänsä sellaisenaan ja ajattelevat sen olevan sellaista myös tulevaisuudessa. Oman elämän puutteet ja ongelmat hyväksytään liiankin helposti. Itseä on hankala haastaa ja ihmiset eivät tiedä mistä pitäisi aloittaa. Tietoa tähän prosessiin on saatavilla liian vähän.

Kuten Henkimaailma kanssani- kirjassa kerroin, apua haetaan monesti vääristä paikoista ja asioista. Kaikki lähtee lopulta aina ja vain sinusta itsestäsi. Sinä voit tehdä itsestäsi ja elämästäsi paremman version ja nähdä maailman uusin silmin. En sano, että juuri minun oppini tai tapani ovat sinulle oikeat, mutta toivon, että saisit tästä suuntaa löytää jotain suurempaa ja toivon pilkahduksia elämääsi.

Toivotan sinulle voimaa ja valoa luku- ja opiskeluhetkiisi. Ota tästä kaikki irti!

HENKIMAAILMAN LAIT

Henkimaailman lait sisältävät monia pykäliä. Lisäksi taivaallinen kirjuri merkitsee jokaisen tekosi ylös. Henkimaailman lakeihin sisältyvät esimerkiksi karman ja vetovoiman laki, sekä sielunsuunnitelmat. Lista on pitkä, enkä usko, että fyysisesti rajallisen mielemme tarkoitus olisikaan niitä kaikkia ymmärtää. Olemmehan täällä maan päällä pelkästään oppimassa.

Uskon, että toimimme henkimaailman lain puitteissa silloin kun olemme ystävällisiä ja rehellisiä. Silloin tunnemme olevamme oikealla polulla. Henkiset lait liittyvät myös opaskirjaani merkittävästi. Ne nimittäin koskevat

10

erityisesti parannus- ja puhdistustyötä. Vaikka olisit henkinen auttaja tai parantaja, omaa apuaan ei saa tyrkyttää, eikä toisten asioita saa "penkoa" esimerkiksi kanavoimalla ilman kyseessä olevan lupaa. Taitojen väärinkäyttö ei ole sallittua. Siitä seuraa rangaistus.

Tiedän ihmisiä, jotka ovat käyttäneet taitoja väärin esimerkiksi rahan vuoksi, tutkineet luvatta toisten asioita tai esittäneet valheellisia tietoja henkimaailman kustannuksella. Nämä "auttajat" ajautuvat valitettavan usein alhaisten energioiden ohjaukseen, tajuamatta edes sitä itse.

Kyvyt kuitenkin viedään pois nopeammin, kuin ne on saavutettu. Nämä "auttajat" eivät saa toimia kauan. On siis erittäin tärkeää tehdä työtä rakkauden nimessä ja säilyttää ehdoton kunnioitus toisia kohtaan. On myös hyvä muistaa, että vaikka ihmiset oppivat kanavoinnin, kaikki tieto ei ole heidän saatavillaan. Kanavointitaidoista huolimatta, kukaan meistä ei ole Jumala. Siksi auttajan on aina kysyttävä hoitoa aloittaessa lupa: "Saanko hoitaa?". Toisten ihmisten asioita ja hoidettavien tarinoita ei myöskään saa kertoa eteenpäin. Salassapitovelvollisuus koskee kaikkia henkitasolla työskenteleviä.

On helpottavaa tietää, että henkimaailman lakien mukaan, valo voittaa aina pimeyden. Eli pyyteettömiä puhdistuksia tehdessäsi, vaikka vastassasi olisi mikä, sinulla on valta ja oikeus ajaa raskaat energiat valoon. Häirikköenergioilla on määräys poistua, kun valon lähettiläs niin vaatii.

OMA ENERGIA

Sielumme inkarnoituessa maan päälle meille on annettu tietty energiamäärä, joka on tarkoitettu vain omaan käyttöömme. Sinulla on määräysvalta siihen, miten ja mihin käytät energiaasi. Stressaantuneena vuodatat energiaasi asioihin, jotka huolestuttavat sinua ja samalla estät asioita tapahtumasta luonnollisesti. Kun joku huolehtii toisista omien energioidensa kustannuksella, omiin energioihin tulee vajetta. Eli voit ajatella asian niin, että sinulle on syntyessä annettu energia, joka pitää sinut kunnossa. Mikäli ripottelet ja annat sitä toisille liikaa, et pysy kauaa kunnossa.

13

Mikäli olet huolissasi muista tai jostakin henkilöstä, voit auttaa häntä pyytämällä apua ylhäältä korkeista värähtelyistä. Näin toimimalla olet väylä tai kanava, etkä vuodata omaa energiaasi muille.

Kun seuraavan kerran sairastut, mieti päiviä ennen oireita. Oliko joku läheisesi sairaana, ajattelitko luonnostaan: "kun hän on kipeä, niin olen kohta minäkin"? Veditkö näin sairauden puoleesi? Tai oliko sinulla ollut ennen sairastumista töissä kiireitä? Onko mielesi ja kehosi ollut tasapainossa? Sairauksiin on lukuisia syitä. Pääset hetkellisisistä sairauksista nopeammin eroon eheyttämällä omat energiasi. Eheytä itsesi pyytämällä energeettiseen vajaukseen korkeaa värähtelyä.

Myös menneisyyden käsittelemättä jääneet asiat voivat aiheuttaa sairauksia. Ne ovat kuin polttoainevuoto, jonka seurauksena ajoneuvo väistämättä jossain vaiheessa pysähtyy. Asiat tulisi kohdata, ei piilottaa.

14

MEDITOINTI

Meditointi on vahva yhteys henkitasolle. Siihen kannattaa panostaa. Teethän vakaan pohjan polulle, jonka valitsit. Meditointi on hiljentymistä, jonka aikana kuuntelet kehoasi ja hiljennät mielesi kokonaan. Se vahvistaa itsetuntemusta ja ylläpitää vahvaa yhteyttä omaan sieluun eli yliminään. Kun olet yhteydessä yliminääsi, kuuntelet intuitiotasi sekä toimit sen mukaan, elät elämääsi sielunsuunnitelman mukaisesti. Elämäsi soljuu.

Hiljentyminen voi aluksi olla haastavaa. Ajatukset on vaikeaa saada hiljentymään. Silloin sinulta vaaditaan toistoja ja kärsivällisyyttä.

15

Meditoinnin tarkoituksena ei ole ohjailla omia ajatuksia, vaan huolehtia siitä, etteivät ajatukset ohjaile sinua. Meditointia suositellaan tehtäväksi 5–15 minuuttia päivässä. Voit käyttää apuna omia enkeleitä tai henkiopasta, joista kerron myöhemmin.

Alussa meditoidessa on hyvä käyttää apuna meditointiharjoituksia tai -musiikkia. Harjoituksissa tulisi päästä tilaan, joka tuntuu ajattomalta. Sellaiseen valon ja tietoisuuden tilaan, jotka eivät ole riippuvaista olosuhteista. Kehon tulisi olla kevyt, ikään kuin et olisi maan vetovoiman piirissä. Hiljentyessäsi keskity sydämeesi. Ota yhteys itseesi sydämesi kautta ja kuuntele mitä se kertoo sinulle. Minkälaista energiaa sydämesi tuottaa?

Meditaatioharjoitus

Mene mukavaan ja rentoon asentoon. Tee hengitysharjoituksia tai lyhyt rukous hiljentymistä varten. Ajattele mielessäsi, kuinka rentoudut jaloista ylöspäin. Tunne olosi kevyemmäksi ja kevyemmäksi. Tunnustele energiaa ylläsi, se voi olla pientä lainetta, ilmavirtaa tai pistelyä kehossasi. Mielesi tulisi tavoitella henkistä tietoisuutta ja sydämesi sanomaa.

Anna kehosi tuntua rennolta ja mielesi olla avoin. Mikäli pääset tämänkaltaisiin tunteisiin, on meditointiharjoitus onnistunut. Lyhytkin aika riittää aluksi. Voit pidentää meditaatioaikaa onnistumisen mukaan. Kiitä lopuksi auttajiasi.

ENKELIT JA HENKIOPAS

Kun aloittaa henkisen työn ja puhdistukset, kaikilla on niin sanottu luottohenkilö. Toisilla se on enkelit tai henkiopas ja joillakin edesmennyt omainen. Myöhemmässä vaiheessa huomaat tarvitsevasi avuksesi välillä koko yläkerran valon armeijan. Itse pyydän aina haastavissa ja laajoissa hoidoissa apuun kaikki mahdolliset henkiolennot korkeista värähtelyistä.

Enkelit ovat suurimmalle osalle tutumpia kuin henkiopas. Luulen sen liittyvän siihen, että enkeleistä puhutaan enemmän kuin henkioppaista. Joka tapauksessa, enkeleitä voi

18

olla luonasi useampia, kun taas henkioppaita sinulla on vain yksi. Opas on luonasi lähes koko ajan. Tosin hänkin vaihtuu kehitystasosi mukaan.

Kuten aiemmin kerroin, meditoidessa voi myös käyttää enkeleitä ja opasta apuna. Heidän läsnäolonsa ja apunsa helpottaa meditointia. Joka kerta, kun aloitat meditoinnin, pyydä enkelisi tai oppaasi paikalle. Sinä tunnet luottohenkilösi parhaiten, mutta harjoituksen avulla voit syventää suhdettasi häneen. Mitä enemmän käytät heitä, sitä vahvemman siteen välillenne rakennat.

Kun sinulla on stressiä tai todella tarvitset apua, lähes ihmettä, huuda opastasi apuun. Tee sitä monta kertaa päivässä ja huomaa, kuinka paine alkaa helpottaa. Luota, että saat apua. Kerron esimerkin siitä, kuinka saat fyysisen merkin henkioppaasi/enkelisi läsnäolosta.

Tutustumisharjoitus

Mene levolliseen paikkaan ja rentoudu. Voit halutessasi tehdä harjoituksen meditoinnin aikana. Pyydä enkelisi/henkioppaasi paikalle ja odota rauhassa. Kerro mitä aiot tehdä tai mitä haluaisit hänestä tietää. Pyydä jokin merkki hänen läsnäolostaan. Merkin saat itse päättää, se voi olla esimerkiksi kosketus käteen, jokin ääni tai lämmön tunne. Odota merkkiä rennosti ja rauhassa, älä pakota tai hätäile. Tunne ei saa olla vaativa tai epätoivoinen. Jos et saa merkkiä läsnäolosta, kokeile myöhemmin uudestaan. Tämäkin vaatii usein kärsivällisyyttä, toistoja ja rauhassa etenemistä. Mikäli sait merkin, voit halutessasi kysyä häneltä lisää siitä mitä haluat tietää. Käytä kysymyksiä alussa vain kyllä/ei -tyyppisesti, esimerkiksi onko oppaasi mies tai tunnetko hänet entuudestaan menneistä elämistä. Kiitä auttajiasi.

CHAKRAT

Ihmisen energiakenttä on moniulotteinen ja yksikin siinä epätasapainossa oleva asia voi horjuttaa fyysistä ja henkistä elämääsi. Ihmisen kehossa sijaitsee 7–12 chakraa. Näillä chakroilla on kaikilla omat tehtävänsä. Chakroja on lisäksi myös fyysisen kehon ulkopuolella sijaitsevassa energiakentässä. Chakroja tulee lisää ihmisen kehittäessä henkistä tietoisuuttaan. Kerron seuraavaksi seitsemän peruschakran sijainnit kehossa, niiden vaikutusalueet sekä chakrojen puhdistamiseen liittyviä harjoituksia.

Juurichakra sijaitsee häntäluun kohdalla, joka on selkärangan alin osa.
Hallitsee: Kotiasiat, raha, muutokset ja työ.

Sakraalichakra sijaitsee navan alapuolella.
Hallitsee: Ihmissuhteet ja seksuaalisuus.

Solar plexus sijaitsee navan yläpuolella.
Hallitsee: Tunteet.

Sydänchakra sijaitsee sydämessä.
Hallitsee: Rakkaus ja pyyteettömyys.

Kurkkuchakra sijaitsee kurkussa.
Hallitsee: Itseilmaisu, oman totuuden puhuminen.

Kolmas silmä sijaitsee otsalla lähellä silmiä.
Hallitsee: Intuitio, henkisyys, henkiset asiat, yhteys henkitasolle sekä yliminä.

Kruunuschakra sijaitsee pään päällä.
Hallitsee: Henkinen keskus ja pääsy sekä portti henkitasolle.

Chakrojen puhdistus on yhtä tärkeää kuin maadoitus ja energiapuhdistus. Ilman sitä keho ja mieli alkavat oireilla chakran hallitsemien tehtävien tai sijainnin mukaisesti. Ne tulisi siis puhdistaa ja tasapainottaa säännöllisesti. Mikäli meditointi tuottaa vielä ongelmia, chakrojen kanssa työskentelyyn on apuna myös ohjattuja puhdistuksia, esimerkiksi Youtubessa. Chakrojen puhdistus on kokonaisvaltainen hoito. Kerron teille harjoituksen, jonka avulla puhdistatte ne itse.

Chakrojen puhdistus

Mene makuulle tai istumaan rauhalliseen paikkaan. Hiljenny rukouksella, hengitysharjoituksilla tai meditoimalla. Pyydä henkioppaasi/enkelit paikalle. Kun olet saavuttanut levollisen olotilan, maadoita itsesi ja kerro mitä aioit tehdä ja milloin aloitat.

Aloita alimmasta eli juurichakrastasi. Keskity vain siihen. Tunnustele sen energioita. Pyydä enkelisi puhdistamaan juurichakrasi.

Älä hoputa tapahtumaa, hoito alkaa ajallaan, kun sinä olet valmis. Voit tuntea lämpöä, pistelyä, painetta tai pientä aaltoilevaa liikettä. Anna energian virrata, tätä kestää yleensä noin pari minuuttia. Kun virtaus lakkaa, siirry seuraavaan chakraan.

Seuraavaksi puhdistat sakraalichakran. Keskity vain navan alapuolelle olevaan kohtaan. Pyydä enkeleiltä apua puhdistukseen. Odota rauhallisesti, että hoito alkaa. Energiavirtauksen jälkeen siirry rennosti seuraavaan.

Sitten on vuorossa tunteita hallitseva solarplexus. Toimi samoin, kuin edellisten chakrojen kanssa eli pyydä enkeleitä puhdistamaan. Anna energian virrata ja puhdistua rennosti.

Käy samoin läpi myös loput chakrat. Tunnustele chakran kohtaa ja pyydä puhdistusta. Käytyäsi ne kaikki läpi, ajattele vielä kokonaisvaltainen puhdistus kaikkien chakrojen läpi. Kun olosi on rentoutunut, kiitä avusta.

MAADOITUS JA SUOJAUS

Maadoitus ja suojaus ovat hyödyllisiä taitoja, joista on paljon tietoa saatavilla. Suosittelen maadoitusta tehtäväksi joka päivä, johtuen ihmisten kiireistä sekä heihin ulkopuolelta helposti tulevista häiriöistä. Maadoitus pitää kirjaimellisesti jalat maassa. Se rentouttaa, pitää sinut terveenä eikä alhainen energia tartu sinuun niin helposti. Maadoitukseen on monia keinoja ja pelkkä luonnossa liikkuminen, meditointi, avojaloin kävely sekä uiminen auttaa. Lisäksi kerron teille kaksi helpointa keinoa juurtua Äitimaahan.

Maadoitusharjoitus I

Mene rauhalliseen paikkaan ja rentoudu. Kerro henkitasolle/enkeleillesi mitä aiot tehdä ja milloin aloitat. Kuvittele itsesi johonkin lempipaikkaasi seisomassa avojaloin. Tunnustele miltä Äitimaa tuntuu varpaissasi.

Voit ajatella, että jaloistasi lähtee kasvamaan paksut ja pitkät juuret kohti Äitimaata, tunne kuinka ne vetävät sinua alaspäin. Juuret kasvavat syvemmälle ja syvemmälle maahan ja niistä lähtee kasvamaan lisää juurien haaroja. Kasvu pysähtyy vasta syvällä sisällä maassa, juurien kietoutuessa toisiinsa. Mikäli tunnet painoa kehossasi, erityisesti jaloissasi, on maadoitus onnistunut. Kiitä avusta.

Maadoitusharjoitus II

Mene rauhalliseen paikkaan ja rentoudu. Kerro henkitasolle/enkeleillesi mitä aiot tehdä ja milloin aloitat. Visualisoi itsesi lem-

pipaikkaasi. Kuvittele kehoosi vahvat mag-
neetit, jotka vetävät kehoasi alaspäin Äiti-
maahan.

Odota rauhallisesti, että energia alkaa virrata.
Saatat tuntea kehossasi pistelyä ja paineen
tunnetta. Anna paineen tunteen käydä kehosi
läpi ja kun se lakkaa, tunnet olosi rentoutu-
neeksi. Harjoitus on onnistunut. Kiitä autta-
jiasi.

Suojaus

Suojaus on monille tuttua ja siihen on useita
keinoja. Uskon, että suojauksiin auttaa usko
siihen, että suojaudutaan, sekä neutraali
asenne. Kaikelta ei kuitenkaan ole mahdol-
lista suojautua. Monilla on vihamiehiä, joihin
suojat harvemmin auttavat, koska kyse on
sielun oppiläksystä. Energioitasi voidaan kui-
tenkin puhdistaa tarpeen mukaan ja kirouksia
purkaa aina kun joku katkera henkilö niitä si-
nulle lähettää.

Neutraali asenne on vahvin suoja vihamiehiä kohtaan. Mitä vähemmän tuhlaat heihin energiaasi ja ajatuksiasi, olet paremmin suojattuna. Kun pidät ajatuksesi neutraalina, ei sinuun saa minkäänlaista yhteyttä. Jo pelkästään se, että ajattelet vihamiestäsi, on väylä hänelle. Ole neutraali ja rauhallinen. Anna anteeksi. Muista, että suojauksen tekeminen ei koskaan onnistu epätoivoisena. Tunteen tulee olla rakkaudellinen, mutta päättäväinen. Mainitsen muutaman suojauskeinon, voit valita niistä omasi.

Keinoja suojautumiseen

Maadoita itsesi ja rukoile.
Pyydä: "Vahvistakaa ja kirkastakaa valoani".
Säilytä neutraali asenne vihamiehiä kohtaan.
Visualisoi yllesi arkkienkeli Mikaelin sininen viitta, arkkienkeli Metatronin kultainen viitta tai ympärillesi valokehys/seinä.
Käytä kristallikiviä (healing crystals) tai asettele merisuolaa kotiisi.
Anteeksianto.

SIELUNSIRPALEET

Sielunsirpaleet ovat sielunmuistoja ja entisten elämien palasia, joita kannat mukanasi. Sinulla on energioissasi myös toisten sielujen sirpaleita. Heidän, keille sinä olet merkinnyt jotain. Sielunsirpaleet tarttuvat toisiin ikävästä, eroista, kuolemista, rakkaudesta eli mistä tahansa merkittävistä hetkistä. Me kannamme sielunsirpaleita mukanamme lukuisista entisistä elämistä, henkitasoilta sekä tästä elämästä. Ne selittävät myös sen, miksi mietit tiettyä henkilöä usein, vaikka teillä ei kaiken järjen mukaan olisi enää mitään tekemistä toistenne kanssa. Teissä on silloin kiinni toistenne sielunsirpaleita, jotka on syytä palauttaa omistajilleen. Ne tulisi palauttaa myös sen vuoksi, ettet kanna ylimääräisiä energioita itsessäsi. Nekin ovat painolasteja ja voivat estää eteenpäin pääsemisen. Sielunsirpaleita voi jättää myös tiettyihin paikkoihin, esimerkiksi lapsuuden koteihin tai johonkin merkittävään paikkaan.

Sielunsirpaleet on mahdollista poistaa ja palauttaa, siihen on yksinkertainen keino. Kerron sen teille. Tärkeintä eivät ole käyttämäni sanat, vaan se mitä tehdään. Sinulla on vapaus muokata sielunsirpaleiden poisto ja palautus omanlaiseksesi.

Sielunsirpaleiden palautus

Mene levolliseen paikkaan ja rentoudu. Hiljenny hengitysharjoituksilla tai meditoimalla. Pyydä henkioppaasi/enkelisi paikalle. Kerro mitä aiot tehdä ja milloin puhdistus alkaa. Pyydä omat sielunsirpaleesi takaisin valon kautta (valon kautta pyytäessä sirpaleet puhdistetaan tapahtumista ennen palautusta). Pyydä: "Palautus alkakoon kaikista elämistä, kaikilta tasoilta ja myös tästä elämästä."

Anna energian virrata. Saatat tuntea nytkähdyksiä, lämpöä, painetta tai pistelyä. Nämä tarkoittavat, että tapahtuma on onnistunut. Tässä kestää minuutteja. Kun energiavirtaus loppuu, jatka seuraavaan harjoitukseen, sielunsirpaleiden poisto.

Sielunsirpaleiden poisto

Ole rentona. Pyydä: "Kaikki minulle kuulumattomat sielunsirpaleet palautetaan sieluille, joille ne kuuluvat, poisto tapahtuu valon kautta, kaikilta tasoilta, kaikista elämistä ja myös tästä elämästä. Sielunsirpaleiden poistaminen alkakoon." Anna energian virrata. Saatat tuntea nytkähdyksiä, lämpöä tai pistelyä. Nämä tarkoittavat, että tapahtuma on onnistunut. Tässä kestää noin viisi minuuttia. Kiitä auttajiasi.

31

KANAVOINTI

Kanavointi on yhteyden avaamista ylhäälle ja suoraa kommunikaatiota henkitason kanssa. Saat henkimaailman lakien mukaisesti kaiken tiedon mikä sinua mietityttää ja mitä haluaisit tietää. Kaikki tieto ei kuitenkaan ole aina saatavilla. Saat vain tiedot, mitkä ovat sinun korkeimmaksi parhaaksesi.

Kanavointia kannattaa opetella meditoinnin aikana. Minulla on kanavointiin kaksi toimivaa harjoitusta. Muista, kanavoinnin aikana ei koskaan saa epäröidä. Yleensä vastaus, jonka ensimmäiseksi saat, on aina oikea. Silti on syytä erottaa, tuleeko vastaus tahdosta

32

riippumatta vai haluamallasi tavalla. Tämä-
kin vaatii kovaa harjoittelua, kärsivällisyyttä
ja intoa. Kanavointi on hyödyllinen taito. Mi-
käli sairastelet, kanavoi suoraan miksi. Mi-
käli sinua ahdistaa tietämättä, kanavoi miksi.
Jos sinulla on valinnanvaikeuksia tai epäröit
jotain, kanavoi: "Mitä teen?". Saat kaiken tar-
peellisen tiedon ja sen vuoksi elämäsi helpot-
tuu huomattavasti.

Sinulla on kanavoinnin aikana suora yhteys
henkitasolle, mikä tarkoittaa myös yhteyttä
kaikille tasoille, myös negatiiviselle energi-
alle. Ollessasi epävarma, alhainen energia
pääsee helpommin linjoille, jolloin kana-
vointi on sekavaa ja yhteys katkeaa. Sinulla
tulee kanavoidessasi aina olla lämmin, ren-
toutunut ja rauhallinen tunne. Jos sinua alkaa
ahdistaa, lopeta harjoitus heti ja puhdista häi-
riöt (katso kohta energioiden puhdistus). Seu-
raavaksi kerron sinulle ohjeita kanavoinnin
harjoitteluun.

Meditoi ja rentoudu. Kerro mitä aiot tehdä ja milloin harjoitus alkaa. Pyydä henkioppaasi tai enkelisi paikalle. Kysy, onko oppaasi paikalla. Se vastaus tai tunne joka ensimmäisenä tulee mieleesi, on oikea. Luota tuntemuksiisi. Kysy seuraavaksi oppaasi nimeä tai saatko luvan keksiä hänelle jonkin lempinimen. Odota vastaus tai tunne se. Näin olette esittäytyneet ja voit jatkaa rauhallisesti.

Voit kysellä alussa myös muita asioita, esimerkiksi löydätkö uuden kumppanin. Keskity oppaasi antamaan vastaukseen. Vastausta ei saa pakottaa eikä kontrolloida, sen tulee tulla vapaasti ja ilman omaa mielipidettä asiaan. Vastaus tulee aina tunteena, ajatuksena tai suorana sanomana. Jos nämä eivät onnistu, rauhoitu ja yritä myöhemmin uudestaan. Kanavointi on uuvuttavaa ensimmäisillä kerroilla. Se vie paljon energiaa johtuen tasoeroista ja vastaanottokyvystäsi. Muista, että harjoittelu vaatii toistoja ja virheiltä ei

34

voi välttyä. Hätiköidessä ja epäröidessä vastaukset yleensä menevät harakoille ja kanavointi on sekavaa. Lopuksi kiitä auttajiasi.

Kanavointiharjoitus II

Meditoi ja rentoudu. Kerro mitä aiot tehdä ja milloin harjoitus alkaa. Pyydä paikalle se henkiolento keneen uskot. Mikäli se on enkeli, tee hänen kanssaan sopimus, joka sisältää ohjeet kanavointiin. Voit käyttää kehoasi kyllä ja ei -vastauksiin. Vasen puoli on ei ja oikea puoli on kyllä. Voit kysyä seuraavaksi onko kehossasi negatiivista energiaa. Mikäli vastaus on kyllä, sinulla tulisi olla jokin tunne tai energiavirtaus oikealla puolella kehoa. Myös pääsi saattaa tahattomasti kääntyä oikealle tai voit tuntea energiapistelyä oikealle puolelle kehoa. Voit jatkaa kysymällä, mistä negatiivinen energia on tullut sinulle. Kuuntele vastaus/tunne. Voit lopuksi kysyä, voitko puhdistaa itsesi samalla. Mikäli vastaus on kyllä. Katso kohta energioiden puhdistus ja toimi sen mukaan. Lopuksi kiitä auttajiasi

ENERGIOIDEN PUHDISTUS

Henkiparannus on maailman vanhin ja hyvin tehokas hoitokeino. Omat tai toisten energiat voi puhdistaa ja eheyttää kauko- tai kontaktiparannuksella oli kyse sitten esimerkiksi henkien häädöistä, kirouksista tai chakroista. Kun energiakenttäsi on puhdas, pysyt terveenä ja tasapainoisena. Ajatukset ovat kirkkaita ja selkeitä.

Parannustyön voi aloittaa, kun osaa meditoida, ymmärtää yhteyden henkitasolle, tunnistaa henkioppaan/enkelit sekä on valmis toimimaan kaikenlaisten energioiden kanssa.

Koskaan emme voi tietää ennen hoidon aloittamista, mitä toisten ihmisten energioissa voi piileksiä oireiden aiheuttajien lisäksi. Tämän vuoksi kanavointi auttaa sinua toimimaan tilanteessa kuin tilanteessa. Pääset syvemmin tutkimaan oireita ja tietoosi voi tulla myös asioita, joita hoidettava itse ei osaa tunnistaa.

Omat energiat puhdistetaan pelkästään ajatuksen tasolla. Mikäli et hallitse vielä kanavointia, mutta saat yhteyden henkitasolle tai ymmärrät sen tarkoituksen, voit aloittaa puhdistusten harjoittelun.

Kaikissa puhdistuksissa äänensävy ja asenne ovat merkittävässä asemassa. Eli, kun työskentelet alhaisen energian parissa, et saa pelätä. Käskyt tehdään kunnioittavasti, mutta vaativasti. Kerron seuraavaksi yleisen ohjeen, millä puhdistat energiasi tehokkaasti ja nopeasti.

Energioiden puhdistus

Meditoi. Pyydä henkioppaasi/enkelisi paikalle. Tee itsellesi suojat, rukoilemalla tai kuvittelemalla itsesi valopallon sisään. Kerro mitä aiot tehdä ja milloin aloitat. Ajattele nyt asiaa, jonka vuoksi teet puhdistusta.

Kun olet rauhallinen, mutta tunnet energian lähtevän liikkeelle, aloita puhdistus.
Sano sanat: "Pyydän, että kaikki negatiivinen ja alhainen energia mitä kehossani on, puretaan, poltetaan ja lähetetään valoon. Hoito alkakoon nyt."

Mikäli tunnet kipua, ahdistusta, mitä tahansa tunteita tai kehosi reagoi, anna energian virrata loppuun asti. Kipu ja ahdistus tarkoittavat vain, että negatiivinen energia poistuu juuri silloin kehostasi.

Mikäli sinulla jää silti tunne, että hoito ei ollut täysin onnistunut tai jotain vielä jäi kent-

tääsi, tee anteeksiannot. Anna alhaisten ener-
gioiden aiheuttajille anteeksi. Tämä tulee
tehdä täydellä sydämellä, muuten puhdistus
ei onnistu. Kun olosi on rentoutunut, kiitä
auttajiasi.

Kodin tai paikan puhdistus

Mikäli epäilet kodissasi olevan negatiivista
energiaa, edellä oleva harjoitus toimii siihen-
kin. Kohdista puhdistusaikeesi kotiisi ja
käytä sanoja: "Kaikki negatiivinen energia,
mitä kodissani on, puretaan, poltetaan ja lä-
hetetään valoon. Puhdistus alkakoon nyt."
Kodistasi voi kuulua ääniä, askelia tai saatat
tuntea ahdistusta. Nämä tuntemukset kuulu-
vat asiaan. Anna energian virrata ja puhdistua.
Kun energiavirtaus lakkaa, harjoitus on lop-
punut. Kiitä auttajiasi.

KAUKOPARANNUS

Kaukoparannus on energialla tavoittamalla tehtävä hoito. Se toimii välimatkasta riippumatta pelkällä ajatuksen voimalla. Hoito on todistettu yhtä tehokkaaksi kuin kontaktihoito. Kaukoparannuksessa hoito tehdään ajatuksen tasolla hoidettavan energiakenttään, josta etsitään oireiden aiheuttajat. Kaukohoidolla voit tehdä kaikkea haluamaasi parannustyötä; voit puhdistaa toisen energiakentän, maadoittaa tai muuten vain eheyttää toisen energiat. Kaikki on sallittua henkimaailman lakien mukaisesti. Kaukoparannuksessa on vain yksi vahva sääntö; se, että toisten ihmisten energiakenttään ei koskaan saa mennä ilman hoidettavan lupaa. Ja vaikka luvan saisikin, yleensä se on kysyttävä myös henkitasolta; omalta henkioppaalta tai muulta apuna käyttämältäsi korkeammalta olennolta. Vaikka hoidettava antaisi luvan, henkiopas voi kieltää hoidon. Silloin hoidettavaa ei saa hoitaa syystä X johtuen. Yleensä kyseessä on oppiläksy.

Kerron sinulle seuraavaksi, kuinka voit opetella kaukoparannusta. Tämä kuitenkin edellyttää, että osaat jo meditoida, hieman kanavoida ja tunnet henkioppaasi/enkelisi. Harjoitus voitaisiin tehdä esimerkiksi arjen kiireisiin ja työhönsä uupuneelle ystävällesi hänen energioidensa eheyttämiseksi.
Kerron ohjeet kahdella eri tavalla tehtävään hoitoon. Toinen on heille, jotka osaavat kanavoida ja toinen heille, jotka tekevät hoidon ilman kanavointia. Muista, että vaikka minä käytän tiettyjä sanoja esimerkeissäni, sinä voit muokata niitä omanlaisiksesi.

41

Kaukoparannus ilman kanavointia

Meditoi tai hengitä, kunnes olosi on rentoutunut. Pyydä henkioppaasi/enkelisi paikalle ohjaamaan sinua. Kysy lupa ystäväsi hoitamiselle. Odota tunne/vastaus.

Tee itsellesi ja hoidettavallesi suojat. Näitä voivat olla rukous, kirkas valo ympärillenne tai sanat: "Pyydän siunausta, suojausta ja ohjausta." Pyydä, että kaikki negatiivinen energia, joka uuvuttaa ystävääsi, puretaan, poltetaan ja lähetetään valoon. Kaikki negatiivinen energia poistukoon hänestä, nyt!

Kun alhainen energia alkaa virrata, voit tuntea kehossasi painetta, kipua ja epämiellyttävää tunnetta. Anna niiden tapahtua, mutta mikäli haluat, voit rukoilla samalla. Kun tilanne rauhoittuu, tee ystävällesi vielä chakrojen puhdistus ja pyydä puhdistus hänelle korkeista värähtelyistä.

Visualisoi ystävällesi puhdistus chakra kerrallaan. Ne chakrat, jotka ystävälläsi ovat epätasapainossa, tuntuvat usein kipuna myös sinun energioissasi. Älä siis säikähdä tätä, se kuuluu asiaan. Olethan kanava. Lopuksi voit pyytää eheyttävät enkelit tuomaan rentouttavaa ja tasoittavaa energiaa ystävällesi. Kiitä auttajiasi.

Kaukoparannus kanavoituna

Meditoi tai hengitä, kunnes olosi on rentoutunut. Pyydä henkioppaasi/enkelisi paikalle ohjaamaan sinua. Kysy lupa ystäväsi hoitamiselle. Odota vastaus/tunne. Tee itsellesi ja hoidettavalle suojat. Näitä voivat olla rukous, kirkas valo ympärillenne tai sanat: "Pyydän siunausta, suojausta ja ohjausta." Kerro mitä aiot tehdä, kenelle ja milloin hoito alkaa.

Aloita kanavointi kysymällä, onko ystävälläsi negatiivista energiaa. Kuuntele vastaus, mikäli se on kyllä, jatka kysymystä keneltä tai mistä tämä energia on lähtöisin. Mikäli vastaus on työkaveri, aloita puhdistus. Sano sanat: "Kaikki työkaverilta tuleva negatiivinen energia ystävältäni puretaan, poltetaan ja lähetetään valoon. Mikäli heillä on myös entisten elämien kaunoja keskenään, ohjaan heidät pyytämään ja antamaan toisilleen anteeksi. Puhdistus alkaa nyt."

Anna energian virrata. Taas voit tuntea kipua ja epämiellyttävää tunnetta. Se tarkoittaa vain, että hoito on käynnissä. Mikäli sinulla on edelleen tunne, että negatiivinen energia on läsnä, kysy onko ystävälläsi edelleen alhaista energiaa. Jos vastaus on kyllä, kysy ovatko jotkut henkilöt asettaneet hänelle kirouksia. Mikäli vastaus on kyllä, kysy ketkä. Vastauksen saadessasi aloita kirouksen purku. Sano sanat: "Kirous, jonka henkilö X on ystävälleni lähettänyt/asettanut, puretaan, poltetaan ja lähetetään valoon. Purku alkaa nyt." Anna energioiden virrata. Tasapainota lopuksi ystäväsi chakrat yksi kerrallaan ja pyydä hänelle eheyttävää energiaa tasaamaan puhdistusta. Kiitä auttajiasi.

KONTAKTIHOITO

Kontaktihoito eroaa kaukohoidosta useam-
mallakin eri tavalla. Kontaktihoitomuotoja
on useita. Opetan teitä omien kokemusteni
perusteella ja kerron mikä on toiminut minun
sekä hoidettavieni kohdalla. Hoidon aikana
käsiesi läpi virtaa korkeita värähtelyitä eikä
sinun tarvitse välttämättä edes tietää, mikä
hoidettavalla on ongelmana. Kätesi kyllä löy-
tävät kipukohdan, kun annat energioiden va-
paasti virrata kontrolloimatta niitä. Henkiop-
paasi/enkelisi ohjaavat sinua. Ensin sinun tu-
lee löytää hoidettavan energiakenttä. Hiero
käsiäsi yhteen, kunnes energia alkaa virrata

käsissäsi. Hoidon aikana ei kosketa hoidetta-
vaan, tämä ei ole Reikiä. Energiakenttä löy-
tyy tunnustelemalla. Joillakin se on parin
sentin päässä ihosta ja toisilla se voi olla jopa
yli viidenkymmenen senttimetrin päässä.
Energiakenttä tuntuu hieman sähkömäiseltä
vastukselta. Jos et heti löydä sitä, tämäkin
vaatii harjoittelua ja toistoja.

Mikäli energiakenttä on vaikea löytää, voit
ensin asettaa kätesi lähemmäs hoidettavan
ihoa. Kun löydät hoidettavan energiakentän
ja tunnet virtauksen käsissäsi, sinua aletaan
ohjata hoidon aikana. Kätesi saattavat mennä
lähes iholle ja sen jälkeen nousta jopa lähes
metrin korkeudelle. Tälle on selitys. Mitä lä-
hemmäs ihoa kättäsi johdatetaan, silloin hoi-
detaan fyysistä kehoa. Mikäli kätesi ohjataan
korkealle ja kauemmaksi iholta, hoidetaan
hoidettavan tunnetasoa. Muista, sinä olet kor-
keiden energioiden välittäjä, joten toimi oh-
jauksen mukaan. Hoito kestää niin kauan,
kuin energia virtaa ja hoidettava on rentoutu-
nut ja levollinen.

Hoitoharjoitus

Maadoita ja puhdista itsesi ensin. Pyydä hoidettava rentoutuneeseen asentoon. Hiljentykää. Tee itsellesi ja hoidettavalle suojat. Isä meidän -rukous, valosuoja tai sanat: "Pyydän siunausta, suojausta ja ohjausta." Pyydä henkioppaasi/enkelisi paikalle.

Hiero käsiäsi yhteen, kunnes energia alkaa virrata. Mikäli hoidettavalla on kipuja jossain tietyssä paikassa, ohjaa kätesi kipukohdan päälle kuitenkaan koskematta kehoa. Parantava energia ohjaa kätesi oikeaan paikkaan ja oikealle korkeudelle. Voit samalla hiljaa ollessasi rukoilla hoidettavan puolesta tai ohjata ajatuksilla negatiivisen energian hänestä valoon.

Energiahoito ohjautuu aina korkeista värähtelyistä, joten niin kauan kuin energia virtaa, pidä kätesi hoidettavan yllä. Kun virtaus on loppunut ja hoidettava rentoutunut, hoito on onnistunut. Kiitä auttajiasi.

UNET JA UNIHALVAUS

Unet ovat sielumme sanomaa. Näemme menneitä, tulevaa sekä saamme ajankohtaista sanomaa tai neuvoja. Unet ovat tehokkaimmat opettajamme. Ne eivät aina ole miellyttäviä. Jotkut jopa kokevat nukkumisen taakaksi pelon tai jonkin tapahtuneen vuoksi. Tähän on syytä hakea apua heti. Nukkuminen on ihmiselle energioiden lataamista. Yön aikana sielun tieto usein siirretään fyysisen kehon päivätajuntaan. Kun ihminen ei pysty nukkumaan, tieto ei pääse kulkemaan ja elämästä tulee sekavaa. Ajatukset takkuavat ja fyysinen keho oireilee.

48

Mikäli näet paljon unia, ymmärrätkö niiden sanoman? Mikäli näet usein samaa unta, on sillä sinulle jokin tärkeä sanoma. Pyydä enkeleitä/opastasi tarkentamaan tämä sanoma unessasi, jotta muistat sen päivätajunnassa. Alla luetellut muutamat unien yleiset symbolimerkitykset voivat olla suuntaa antavia, vaikka unien symbolit ovatkin aina henkilökohtaisia.

Unisymbolit

Talo – fyysinen mielesi

Eläimet – voimaeläimiä/ tuttuja ihmisiä

Kiipeäminen – etenet elämässäsi

Alamäki – ongelmia näkyvissä

Hyppääminen – ota riski

Uloste – runsautta, rahaa

Joku ajaa sinua takaa – painostusta, asiat etenevät holtittomasti

Painajaiset – usein entisiä elämiä

Paholainen – sinulla on alhaista energiaa

Kulkuväline – eteenpäinmeno

Likaiset tiskit – asioita käsittelemättä

Unihalvaus puolestaan ei ole unta. Siinä on aina kyse häiriöistä energioissasi. Monesti ihmiset vain laittavat valot päälle unihalvauksesta pois päästessään, mutta se ei poista halvauksen aiheuttanutta häiriköijää, joka odottaa jo seuraavaa yötä, jolloin unihalvaus toistuu. Häiriköitä ei saisi pelätä ja ne tulisi aina ohjata valoon. Pelko on kutsumus häirikköenergioille.

Mikäli olet käynyt kaikki tähänastiset oppisi tarkasti läpi ja sisäistänyt ne, tuskin koet enää unihalvauksia. Ne loppuvat aina energiakentän puhdistuksella. Seuraavan harjoituksen ohjeilla pääset unihalvauksista ja saat energiasi kerralla puhtaaksi.

Jos koet unihalvauksia niin silloin ainakin tiedät energioidesi olevan epätasapainossa. Päivätajunnassa arjen kiireiden keskellä on vaikeampaa huomata, ovatko energiasi puhtaat vai eivät. Unihalvauksia kokiessasi pysy rauhallisena ja pyydä korkeampaa voimaa avuksesi. Valo voittaa aina, se on laki.

Puhdistusharjoitus halvauksen aikana

Kun koet olevasi halvaustilassa, älä tuhlaa energiaasi siihen, että yrität liikuttaa kehoasi tai herätä. Hengitä rauhallisesti. Mikäli uskot Jumalaan tai Isä meidän -rukoukseen, lue rukous halvauksen aikana päättäväisesti alusta loppuun asti niin monta kertaa kuin tarve vaatii, että häirikkö joutuu jatkamaan matkaansa. Vaikka ajatuksesi katkeilisi, jatka rukousta silti joka kerta loppuun saakka.

Mikäli häirikkö ei poistu rukouksilla, sano mielessäsi: "Sinä et voi minulle mitään, minä olen vahvempi, minä olen Valo." Vaadi häirikköä poistumaan sanoilla: "Poistukoon kaikki negatiivinen energia ympäriltäni Valon nimessä nyt." Mikäli Valo sana ei toimi, voit muokata sitä uskomustesi mukaan esimerkiksi: "Minä vaadin kaikki häiriköt poistumaan Isän, pojan ja Pyhän hengen nimessä. Poisto alkaa nyt." Tee toistoja niin kauan, kunnes häirikkö poistuu. Kun tilanne rauhoittuu, kiitä auttajiasi.

MANIFESTOINTI

Manifestointi on kiinnostava aihe. Kaikilla on toiveita ja unelmia, moni vain jättää ne käyttämättä. Joillakin haasteena on se, etteivät kärsivällisyys tai oma osaaminen riitä. Toiset taas luovuttavat juuri ennen kynnystä. Manifestoinnissa avainasemassa ovat päätöksen tekeminen ja kärsivällisyys. Oma ohjeeni manifestointiin on: "Visualisoi toiveesi, pyydä sekä ota vastaan." Saat kaiken mitä haluat, kun vain päätät niin. Sano ääneen: "Aion saada, kaiken mitä haluan." Ihmisen tulee ohjelmoida itsensä saavuttamaan haluamansa.

Toista itsellesi joka hetki: "Saavutan päämääräni". On myös hyvä muistaa, että mikäli pyydät itsellesi jotain maallista, muista pitää maadoituksesi kunnossa. Jos taas pyydät henkistä apua, tarkasta päivittäin, että kruunuchakrasi on auki, jotta henkinen tieto pääsee luoksesi.

On myös tärkeää muistaa, että saat vain sen minkä pystyt visualisoimaan. Eli niin pitkälle kuin pystyt "näkemään" unelmasi, ne ovat mahdollisia. Esimerkiksi jos haluat uuden auton, visualisoi minkälainen auto on ja mitä tunnetta se sinussa herättää. On nimittäin niin, että ihmiset, jotka pyytävät maallisia asioita, haluavat vain kokea niitä tunteita, joita tavarat tai asiat heissä herättävät. Tavara onkin tavallaan toissijainen, siksi on tärkeää kuvitella miltä uuden auton ratissa tuntuu. Joku voi puolestaan sanoa: "No, minä haluaisin olla USA:n presidentti." Kyllä sekin käy, mikäli tämä ihminen pystyy visualisoimaan itsensä presidentin työtehtäviin sekä niihin tunteisiin, joita se hänessä aiheuttaa.

Kysymykset, joihin sinun tulisi osata vastata ovat seuraavat: "Mitä minä haluan ja miksi? Mihin olen valmis? Olenko valmis tekemään työtä asian eteen?" Mikään mitä haluat, ei ole universumilta liikaa pyydetty. Jos eteesi ilmestyisi Jumala, henkiopas, enkeli tai vaikka pullonhenki, joka toteuttaisi kolme toivettasi, mitkä ne olisivat? Ovatko ne kaikki sinun parhaaksesi? Minkälaisia tunteita ne sinussa herättävät? Rakkautta, turvaa tai iloa? Miksi haluaisit saavuttaa juuri ne tunteet? Millä tavalla ne edistävät henkistä kasvuasi?

Mieti myös, kuinka paljon elämäsi muuttuisi näiden kolmen toiveen myötä ja auttaisivatko toiveesi mahdollisesti muitakin? Sanon vielä, että nämä kolme toivetta tulisi olla sinulle itsellesi, ei muille. Älä esimerkiksi pyydä, että äitisi voittaisi lotossa. Me emme saa puuttua toisten polkuihin. Manifestointi on vain itseäsi varten, sen avulla luot oman polkusi.

Manifestoinnin vaiheet

Visualisoi tarkasti haluamasi asiat ja niin monta kertaa, että näet ne selkeästi. Pysy aiheessa, äläkä vaihtele pyyntöjä. Mieti miksi haluat kyseiset asiat. Perustele ne itsellesi. Pyydä haluamasi asia fyysiseen muotoon ja pyydä ohjausta siihen, kuinka vastaanotat ne mahdollisimman nopeasti. Ohjeet voit pyytää selkeinä merkkeinä tai symboleina päivätajunnassa tai unessa. Huolehdi koko prosessin ajan päivittäin, että maadoituksesi on kunnossa ja chakrasi (erityisesti kruunuchakra) ovat puhtaat.

Kun alustava työ on tehty, kaikki on heti saatavillasi. Pyyntöjen manifestoitumisen aikataulu riippuu täysin sinusta ja siitä, kuinka nopeasti sinä olet valmis vastaanottamaan ne, ei ulkopuolisista tekijöistä. Mikäli pyyntösi eivät ala saada fyysistä muotoa, pyydä että kaikki esteet pyyntöjesi tiellä tuodaan sinulle käsiteltäväksi. Ole kärsivällinen, älä luovuta.

LOPPUSANAT

Kaikkia tämän oppaan harjoituksia/puhdistuksia ei tarvitse tehdä joka päivä, vaan niitä tulisi tehdä tilanteiden ja oman tuntemuksensa mukaan. Joidenkin harjoitusten kohdalla, riittää että sen tekee kerran, kuten sielunsirpaleiden poistossa tai palauttamisessa. Toisaalta joitakin harjoituksia, kuten chakroken puhdistusta olisi hyvä tehdä säännöllisesti viikottain ja maadoitusharjoitusta päivittäin.

Sen jälkeen, kun opettelin kirjassani mainitsemani asiat, en ole juurikaan sairastellut. Kaikkien "pahojen olojen" olen huomannut johtuvan siitä, että energiani ovat olleet puhdistuksen tarpeessa.

Kaikista vahvin puhdistuskeino itselläni on oppaan sisältämien harjoitusten lisäksi ollut positiivinen asenne, sekä luottamus siihen, että kaikella tapahtuvalla on tarkoituksensa.

On kuitenkin hyvä ymmärtää, että jos asiat kiertävät kehää, jokin on silloin pielessä. Kaikki eivät hallitse kykyjään tai löydä oireiden oikeita syitä, jonka vuoksi ne voivat ehtiä fyysisiksi. Mikäli harjoituksista huolimatta oireesi jatkuvat, on hyvä mennä lääkäriin tai vastaanottaa energiahoitoja asiantuntijalta.

Toivon, että opaskirjani tuo sinulle Valoa elämääsi ja sitä muistutusta tai varmistusta, mitä moni meistä kaipaa.